Couverture inférieure manquante

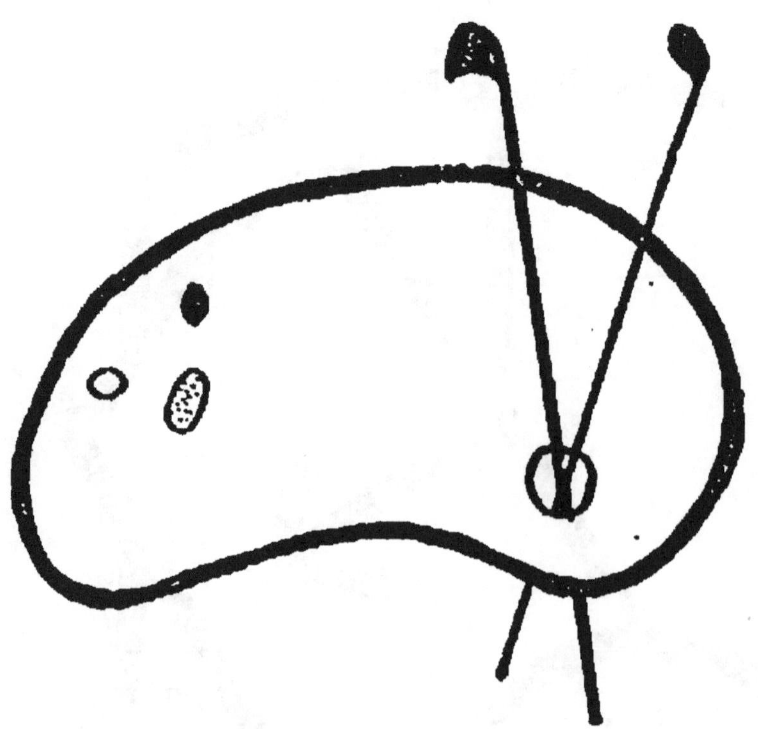

DEBUT D'UNE SERIE DE DOCUMENTS
EN COULEUR

NOTICE

SUR LE

Général MAHMOUD BENAÏAD

SA FAMILLE

ET

SON ADMINISTRATION A TUNIS

IMPRIMÉE EN 1858 A PARIS CHEZ COSSON, RUE DU FOUR-SAINT-GERMAIN, 43

DÉPOSÉE A LA BIBLIOTHÈQUE NATIONALE ET RÉIMPRIMÉE EN 1875

PARIS

IMPRIMERIE ADMINISTRATIVE DE PAUL DUPONT

41, RUE J.-J.-ROUSSEAU, 41

1876

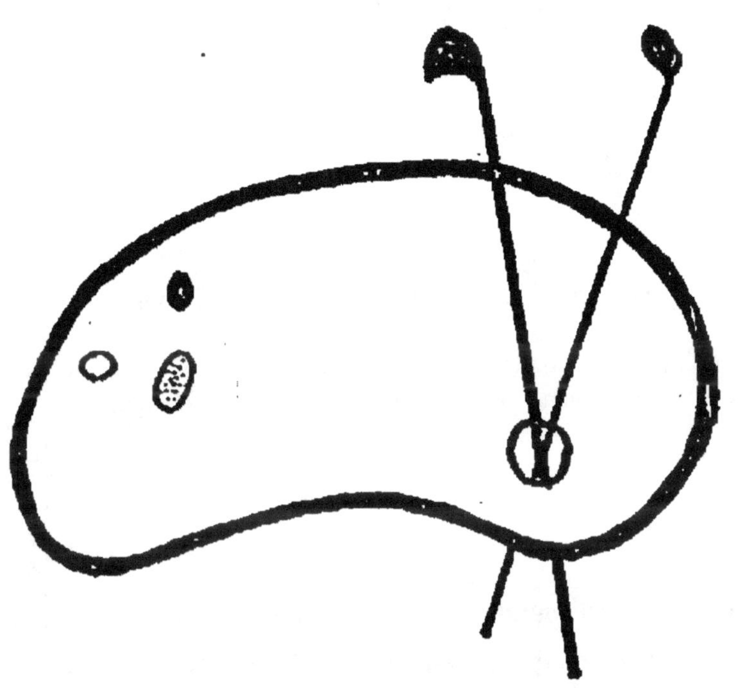

FIN D'UNE SERIE DE DOCUMENTS
EN COULEUR

NOTICE

SUR LE

Gal MAHMOUD BENAÏAD

SA FAMILLE

ET

SON ADMINISTRATION A TUNIS

IMPRIMÉE EN 1858, A PARIS, CHEZ COSSON, RUE DU FOUR-SAINT-GERMAIN, 43,
DÉPOSÉE A LA BIBLIOTHÈQUE NATIONALE ET RÉIMPRIMÉE EN 1875.

Un orage de persécutions de toute espèce est venu fondre tout à coup de Tunis sur le général Mahmoud Benaïad. Par suite d'une série de mesures de colère, on viole envers lui la foi des contrats; on saisit ses propriétés mobilières, on met le séquestre sur ses immeubles, on retient en otage jusqu'à sa famille. Quel est le motif de tous ces actes violents? Le général Benaïd pourrait dire qu'il l'ignore, car il n'a reçu directement du Gouvernement tunisien aucune communication.

Un premier prétexte a été articulé. On a dit d'abord

que le général Benaïad avait des comptes à régler avec le gouvernement tunisien. Il a répondu à cette première imputation, et il a prouvé que son seul crime, si c'en était un, n'est que d'être trop en règle.

Une autre accusation, plus triste et encore plus grave, a été, dès lors, portée contre lui. Cette accusation, elle ne se formule pas d'une façon précise et avouée. Le général Benaïad est réduit à l'aller ramasser dans des propos et des insinuations plus ou moins loyales. Toutefois elle est d'une telle nature qu'un homme d'honneur doit la relever sous quelque forme qu'elle se présente.

S'il fallait en croire ces diffamations, le général Benaïad serait un de ces affranchis, si nombreux dans les Régences Barbaresques, dont la fortune rapide et suspecte serait le produit des moyens les plus illicites et de la faiblesse du Gouvernement. Le général Benaïad aurait acquis les richesses qu'il peut posséder en ruinant le Bey et la Régence, et sa fortune aurait pour cause et pour effet la misère d'un pays dont son administration aurait accumulé, entre ses mains, les dépouilles.

Le véritable crime du général Benaïad n'est point celui-là: son crime, c'est celui d'avoir transporté une partie de sa fortune et d'avoir placé sa personne sous la protection d'une nation qui respecte la famille et la propriété, sous la loi de laquelle tout citoyen peut être en repos pour ses biens, sa liberté, sa vie: le véritable crime du général Benaïad est de s'être fait naturaliser Français.

Toutefois, le général Benaïad doit au grand peuple qu'il a choisi volontairement et qui volontairement l'a adopté, tout autant qu'à son honneur, la preuve qu'en l'accueillant, la France n'a reçu en lui ni un ministre concussionnaire, ni un aventurier avide et spoliateur. Il veut aller de son plein gré au devant de ces calomnies perfides et homicides, qui tuent l'honneur si elles ne peuvent atteindre le corps ; et, dans ce but, il dédie ce simple récit à ses nouveaux concitoyens et plus spécialement à ceux d'entre eux qui l'ont honoré de leur amitié et de leur intérêt.

Le général Benaïad n'ignore pas qu'il va parler, non-seulement en présence des Français, mais aussi devant l'opinion tunisienne. Chacune de ses assertions sera donc facilement contrôlée et vérifiée; ses ennemis auront l'œil ouvert sur chacune d'elles. Cette certitude n'inspire au général Benaïad que plus de confiance et de résolution, et il provoque lui-même la discussion ou le redressement sur tous les faits qu'on le contraint à exposer.

Ce récit, pour être complet et décisif, doit embrasser naturellement trois éléments distincts :

La famille ;

La fortune ;

L'administration du général Benaïad.

I

La famille du général Mahmoud-Benaïad-Mahmoudi a, de temps immémorial, occupé un rang considérable parmi les Arabes dominateurs de l'Afrique ; elle faisait déjà partie des tribus guerrières qui conquirent l'Espagne ; et, après la chute de l'islamisme dans cette péninsule, elle rentra dans la régence de Tripoli : elle y exerça pendant plusieurs générations, le pouvoir souverain ; et, à la suite de guerres intestines, elle se retira dans les montagnes de cette Régence, d'où à la tête de tribus nombreuses, elle continua à faire la guerre au pouvoir tripolitain. L'historien arabe des Berbers, Ben Kaldoun, constate plusieurs fois, dans son livre, l'éclat et l'importance de cette famille parmi les événements du passé. Après des luttes acharnées, la famille Benaïad fit la paix avec Tripoli à l'avénement de la famille Caramanli, et, de ce moment, elle exerça sur le gouvernement tripolitain une influence qui allait jusqu'à donner aux souverains de cette contrée, au moment de leur avénement, une sorte d'investiture. Elle profita de cette paix pour faire des entreprises extérieures et s'empara de l'ile de Djerbi, en un temps qui remonte à cent soixante ans de notre époque. Quoique dépendante nominalement de Tripoli, elle y jouit d'une véritable indépendance, relevant directement du Sultan de Constantinople, auquel elle payait un tribut annuel de 10,000 piastres.

Dans le siècle dernier, les beys de Tunis attaquèrent l'île de Djerbi, qu'ils voulaient adjoindre à leurs États. La résistance fut longue et vive ; mais enfin les aïeux du général se soumirent, consentirent à reconnaître la domination des beys et à leur payer un tribut de 10,000 piastres, à la condition que rien ne serait changé dans la position de leur famille et qu'ils resteraient gouverneurs héréditaires de Djerbi.

Ils payèrent dès lors deux tributs : l'un à Tunis, l'autre à Constantinople.

Ce gouvernement, attaché si longtemps à la famille du général Benaïad, vient de lui être enlevé par le Bey.

Telle est l'origine de l'introduction de la famille Benaïad parmi les populations obéissant au beys de Tunis. Cette famille, on le voit, était déjà considérable, puissante, opulente ; elle comptait des princes parmi ses ancêtres. Par le pouvoir qu'elle avait conservé, par le rôle qui lui appartenait elle devait se placer à Tunis dans une position d'une grande importance. C'est ce qui eut lieu. A son gouvernement de Djerbi, les beys ajoutèrent bientôt d'autres gouvernements de provinces, et la famille Benaïad eut occasion, plus d'une fois et dans les circonstances les plus critiques, de prouver à ses princes sa fidélité et son dévouement.

Le général pense qu'il n'est pas inutile d'en citer quelques exemples.

L'un des aïeux du Bey régnant avait été chassé de Tunis par une conspiration de famille. Il se réfugia à Alger, où, après avoir langui de nombreuses années, il finit par obtenir du Dey une armée qui le remit en possession de ses États ; mais son trésor était épuisé. Il ne pouvait faire face aux exigences de ses alliés ; et un jour, lassé d'attendre, les chefs de l'armée algérienne vinrent lui signifier au milieu de sa cour, qu'ils avaient résolu, ou d'obtenir le payement qui leur était dû, ou de le ramener à Alger comme leur gage. Le malheureux prince se désespérait : il n'avait ni crédit ni argent. « Qui donc me sauvera? » criait-il dans son angoisse. L'oncle du général Benaïad, Hadji-Ali-Benaïad, était présent : « Moi! répondit-il. — Insensé! où trouveras-tu tant d'argent? — Combien vous faut-il? » — Il fallait quatre millions. — « *Hader bache!* je suis prêt!» répliqua Hadji-Ali, et il versa immédiatement l'énorme somme nécessaire pour délivrer le pays du poids de cette occupation.

Le jour du départ de l'armée algérienne, une illumination générale célébra la générosité d'Hadji-Ali-Benaïad et la délivrance de la ville. La reconnaissance du peuple décerna au libérateur pour surnom le mot qu'il avait prononcé, en faisant son offrande; il devint désormais son nom : *Hader bache!* je suis prêt!

A l'avénement du prédécesseur du Bey actuel, les finances de l'État, par une habitude assez constante, étaient dans l'état le plus désastreux. Le père du général Benaïad porta spontanément au Trésor une somme de 800,000 fr. dont il fit don au Bey.

Sous le règne du Bey actuel, il fit construire à ses dépens un bateau à vapeur qui lui coûta 300,000 francs; et, après l'avoir complétement équipé, il en fit hommage à ce prince. Ce même personnage a été investi de deux ambassades extraordinaires auprès du gouvernement français, l'une en 1830, l'autre en 1811. Il y déploya une magnificence dont on pourra juger par un seul acte. Il fit verser, à son arrivée, 10,000 francs entre les mains du curé de la Madeleine, pour les pauvres de Paris. Il ne voulut pas souffrir que le Bey participât aux dépenses énormes de cette double ambassade; il en affranchit le Trésor tunisien et en supporta tous les frais.

Le général Benaïad, lui-même, a imité cet exemple paternel : c'est un fait qu'il rappelle, sans y insister uniquement pour montrer quelles sont les traditions de sa famille et comment tous ses membres savent les conserver.

Sans aller plus loin et sans charger ce court récit de détails superflus, le général Benaïad pense en avoir assez dit pour démontrer que son origine, les antécédents, l'antiquité et l'importance de sa famille, peuvent déjà expliquer et justifier cette fortune par laquelle on a voulu le rendre suspect.

Il ne se contente pas de cette première preuve, il entend détruire jusqu'au germe, jusqu'au prétexte d'une noire calomnie.

II

Par les détails précédents, on peut se faire une idée de la fortune patrimoniale qui attendait le général Benaïad.

Un événement de famille, tout intime, et qu'il n'aurait pas révélé sans les circonstances où il se trouve, peut donner une mesure de cette fortune. Lorsque le général fut en âge d'entrer dans le monde des affaires, sa mère l'appela auprès d'elle pour lui donner une réserve qu'elle avait accumulée sur ses biens personnels.

C'était un sache' renfermant des pierreries pour une valeur de 10 millions.

Les domaines qu'il a reçus de ses pères sont si considérables, qu'en dehors des terres arables, vignes et habitations, on y comptait plus de cinq cent mille pieds d'oliviers, qui, au prix de 25 piastres par olivier, forment à eux seuls une valeur de 12 millions 1/2 de piastres.

Le produit des oliviers n'est pas la seule richesse de la terre tunisienne. Les dattiers y sont d'un produit encore plus important. Il est impossible au général Benaïad de donner le chiffre exact des arbres de cette espèce qui couvrent ses propriétés. Il l'emporte de beaucoup sur le nombre de ses oliviers.

Le général Benaïad peut produire, car ils sont à Paris, 1,383 titres de propriétés qui lui appartiennent et qui sont presque toutes des héritages patrimoniaux. Il doit ajouter

2

que ces titres de propriété contiennent, le plus souvent, le titre de plusieurs domaines différents.

Enfin, dans la seule île de Djerbi, le territoire le plus riche de la Régence, dont le gouvernement fut l'ancien patrimoine de sa famille, il a recueilli de ses ancêtres des propriétés dont l'importance n'est pas égalée par l'ensemble des possessions des cent plus riches habitants du pays.

Dans cette énumération, le général Benaïad n'a pas compris l'argent monnayé, les marchandises, les créances, les valeurs précieuses de toute espèce, qui sont naturellement attachés à une fortune de cette étendue. Encore un seul fait pour caractériser ce point, sans fatiguer l'esprit du lecteur par l'ennui des détails.

A l'avénement du Bey actuel, en 1838, le général Benaïad possédait, dans ses magasins, 280,000 métaux d'huile, représentant, au prix modique de 15 francs par métal, une somme de 4 millions.

Il existe un témoin de la vérité de cette assertion : c'est M. Gay, négociant français à Tunis, actuellement retiré à Paris, dont le fils est attaché au ministère des affaires étrangères et à qui le général Benaïad avait confié le dépôt de tout cet approvisionnement.

Telle était la fortune du général Benaïad à l'avénement du Bey régnant, avant, par conséquent, qu'il ne fût entré dans le ministère de la Régence. Cette fortune, il est presque impossible de l'évaluer ; mais elle constitue certainement l'une des plus opulentes existences des provinces barbaresques. Cet exposé est incontestablement une réponse péremptoire aux insinuations, aux accusations indirectes qui voudraient faire supposer que c'est à la faveur du Bey et aux bénéfices qu'il a retirés de cette faveur exploitée, que le général Benaïad doit la fortune dont il jouit actuellement. Il ne veut pas nier qu'il n'ait pas retiré des avantages de ses relations et de ses entreprises avec le Bey de Tunis ; il affirme seulement que ces avantages ont été loyalement et légitimement acquis, qu'ils sont le fruit de son application, de son esprit d'entreprise, de sa connaissance des affaires, et il ne tardera pas à le prouver. Mais il affirme, en même temps, que sa fortune serait aujourd'hui bien plus grande, que ses bénéfices eussent été beaucoup plus forts, si, au lieu de se consacrer à l'administration de son pays, il eût employé son intelligence à la culture et à l'amélioration de ses propriétés et à l'exploitation, par le commerce, de ses vastes capitaux. Qu'on lui permette encore ici d'en fournir une preuve dans un fait. Il était simple particulier, lorsque des négociants européens adressèrent à leur gouvernement des représentations pour demander que les consuls intervinssent, afin d'obtenir qu'il fût interdit à Benaïad de se livrer au commerce de l'huile, parce que, par l'immensité de ses récoltes combinées avec la puissance de ses capitaux, il dominait entièrement le marché, et que la concurrence était impossible contre lui.

III

Le général Benaïad entra dans les affaires publiques à l'intronisation du Bey régnant. Il reste déjà constaté qu'à cette époque mémorable dans les fastes tunisiennes, sa famille occupait un haut rang dans le pays, y possédait une existence presque princière et que lui-même était, par ses richesses, au niveau de cette existence.

La source de la fortune du général Benaïad n'est donc pas, et ne peut pas être, dans l'abus vrai ou faux du pouvoir qu'il aurait exercé. Elle était antérieure à ce pouvoir, elle était éclatante et publique avant qu'il l'exerçât. Qu'on lui permette toutefois une réflexion : l'accuser d'avoir si longtemps et si odieusement dépouillé le pays, n'est-ce pas en même temps porter une atteinte offensante au caractère du Bey lui-même, à son intelligence, à sa capacité de gouvernant? Le Bey est absolu dans ses États, rien ne limite sa puissance. Il tient à sa discrétion les biens de ses sujets, d'un signe il fait tomber leur tête. Il les élève ou les abaisse à son gré. Investi de cette toute-puissance, il aurait souffert qu'un de ses ministres, qu'un de ses sujets écrasât ses peuples sous le poids de son égoïsme et de son avidité! il l'aurait laissé s'enrichir de sa misère! Est-ce que de semblables imputations ne sont pas au dernier degré offensantes pour la dignité de ce prince, pour sa réputation, pour son honneur ?

Le général Benaïad proteste contre elles, non-seulement pour son propre caractère, mais encore pour la défense et la gloire du maître qu'il a si longtemps servi.

Le général Benaïad, toutefois, n'entend pas arrêter sa justification à ces considérations morales, quelque autorité qu'elles puissent avoir. Il veut raconter l'histoire de son administration tout entière. On le contraint de dire les services qu'il a rendus à son pays et à son prince. Il le fera avec la réserve qui convient à sa position, mais aussi avec une entière franchise.

A l'avénement d'Ahmed-Pacha, le Trésor tunisien était réduit aux derniers expédients. Les finances étaient dans un état déplorable, les populations étaient épuisées et leur détresse était profonde. Le pays ne possédait point d'industries, toutes les sources du revenu étaient engagées et ne produisaient que des recettes faibles et insuffisantes ; les objets les plus importants de la consommation du pays formaient des fermes ou monopoles en faveur du Gouvernement et, sans vouloir faire ni l'apologie ni la critique de ce système financier, le général Benaïad reconnaît que, dans les circonstances, il n'y avait pas d'autre moyen de pourvoir aux nombreuses et urgentes nécessités de l'État.

En face de cette situation, et sur les instances réitérées du Bey, le général Benaïad consentit à se charger de plusieurs de ses fermes. En effet, non-seulement elles rapportaient des revenus peu considérables, mais encore les recettes étaient loin d'en être assurées, par suite de la pauvreté qui régnait dans la Régence et des banqueroutes successives que faisaient les fermiers : le général Benaïad accepta hardiment cette responsabilité ; il alla plus loin.

Voyant la population tunisienne sans industrie et pres-

que sans travail, il inspira au Bey la pensée de former
des établissements qui, tout en l'affranchissant des tributs
onéreux qu'il payait au dehors, emploieraient dans le
pays des bras inoccupés et des matières premières qui,
exportées à vil prix, rentraient bientôt avec une valeur dé-
cuplée par la fabrication.

Par cette conception nouvelle, par les améliorations qu'il
porta dans les monopoles déjà existants, par la plus-value
qu'il en paya lui-même, il parvint à augmenter les revenus
de ce petit État d'une somme qu'il n'évalue pas à moins de
10 millions par an et, en outre, il assura les recettes par
la régularité de ses payements ; car jamais il n'a fait attendre un jour au Trésor tunisien l'accomplissement de ses
obligations.

Les recettes désormais assurées et augmentées de 10 millions par an, voilà les résultats de l'administration du
général Benaïad à Tunis ; voilà l'effet de ses entreprises à
côté de ce Gouvernement. Avec la participation, l'applau-
dissement et la sanction de ce Gouvernement, il enrichit le
Trésor d'un revenu nouveau de 10 millions par an ; il enrichit le pays d'industries importantes qui lui étaient complétement inconnues ; et c'est lui qu'on accuse d'avoir dépouillé le pays et le Trésor !

Le général Benaïad va plus loin : il affirme que depuis
qu'il s'est éloigné de Tunis et des affaires de la Régence,
ces mêmes revenus ont diminué de plus de 3 millions. Il
ne manquerait plus que d'en accuser son absence, comme
on a accusé sa présence des maux qui ont pesé sur le
pays, et dont cependant la cause n'est pas difficile à connaître et à trouver partout ailleurs.

Telle est, en somme, l'histoire administrative du général Benaïad. Il lui reste à l'appuyer de détails et de
preuves.

Ces preuves elles seront dans l'historique de ses diverses fonctions financières, c'est-à-dire de la gestion des diverses fermes que le Gouvernement tunision a confiées, par contrats réguliers et authentiques, au général Benaïad.

Fabrique et ferme des draps pour l'habillement de l'armée de la maison du Bey.

La régence de Tunis, à peu près dénuée de toute industrie, tirait de l'étranger la très-majeure partie des objets d'habillement consommés dans le pays. On connait la qualité et la valeur des laines de Barbarie. Ces laines étaient achetées presque pour rien et réimportées ensuite toutes fabriquées. Autrefois, pour subvenir à ces besoins, la Régence avait des corsaires qui allaient eux-mêmes prélever des dîmes sur le commerce européen ; mais, depuis que la civilisation et le progrès des temps avaient aboli cette sorte de piraterie légitimée seulement par les haines religieuses, les populations tunisiennes voyaient peu à peu toutes leurs épargnes et tous leurs trésors passer entre les mains de l'industrie européenne, plus active et plus entreprenante. Le général Benaïd conçut l'idée hardie peut-être, et à coup sûr nouvelle dans son pays, de faire cesser cet état de choses. Il y avait urgence : le Bey avait organisé et entretenait une armée hors de proportion avec les ressources financières du pays.

L'habillement et l'équipement de ces troupes augmentait sensiblement chaque année la quantité de numéraire qui sortait de la Régence. Le général Benaïad proposa à son maître d'établir une fabrique qui conservât au pays les avantages de la fabrication des laines indigènes et les bénéfices qu'en retiraient les étrangers. Le Bey embrassa cette proposition avec ardeur. Le général Benaïad fut immédiatement nommé directeur de cette fabrique, qui n'était encore qu'un projet. Il l'organisa tout entière ; il y créa, à ses frais, tous les établissements nécessaires à la préparation de la laine, à toutes ses transformations successives jusqu'à l'état d'étoffe ; il y établit une filature, un atelier de tissage, une foulonnerie, une teinturerie ; il fit venir d'Europe des contre-maîtres expérimentés qui dirigèrent et instruisirent les ouvriers indigènes. Cette fabrique, depuis sa naissance, n'a cessé de prospérer. Elle a suffi à fournir à l'armée et aux nombreux serviteurs du prince tout l'habillement qu'avant elle ils achetaient à l'importation.

Aujourd'hui, grâce à cette création, la Régence de Tunis exploite elle-même et fabrique ses belles laines.

Toutefois, on pourrait croire que le général Benaïad voulut profiter de la faveur qui accueillit son idée pour obtenir des prix exagérés, et peut-être y fût-il parvenu s'il l'eût voulu tenter ; ce ne fut pas ainsi qu'il procéda en se chargeant, à ses risques et périls, de l'habillement et de la fourniture d'une nombreuse armée, par l'introduction d'une industrie inconnue jusque-là dans Tunis ; il ne demanda aucune espèce d'avantage spécial, sinon celui de la certitude des fournitures du Gouvernement. Mais voici quels furent les termes de ce contrat. On releva sur les registres de l'État le prix de revient de l'habillement de l'armée pendant les dix années précédentes ; on prit pour chaque objet entrant dans le vêtement du soldat la valeur moyenne de ces dix années ; de ces moyennes il fut formé un tarif uniforme fixe, dont chaque article fut inscrit sur les registres du Gouvernement. Quand un corps ou seulement un soldat, avait besoin d'un vêtement quelconque, le Bey adressait un bon, signé de lui, au fournisseur. A des époques

déterminées, ces bons étaient rapportés par le fournisseur
à l'administrateur compétent, qui n'avait plus qu'à leur
appliquer le tarif officiel, pour arrêter le compte définitif.
C'est ainsi qu'il a toujours été procédé et qu'il est procédé
encore pour les fournitures d'habillement faites par le général Benaïad. Il demande si jamais comptabilité fut plus
simple, contrat plus modéré et plus honnête.

Le général Benaïad doit ajouter qu'il fit au Gouvernement
tunisien une dernière condition favorable : il lui paya, pour
le privilége de cette fabrique, une redevance annuelle de
200,000 piastres.

Certes le général Benaïad, qui avait eu la pensée et la
hardiesse de combiner et d'organiser cette opération, a su
en retirer des bénéfices, Mais combien d'autres s'y fussent
ruinés au lieu d'en profiter? Ne faut-il pas tenir quelque
compte du succès à son activité et à son intelligence?
N'a-t-il pas quelque mérite d'avoir doté son pays d'une industrie qu'il ne connaissait pas, d'avoir créé pour les
classes laborieuses un travail qu'elles n'avaient jamais eu?
Est-ce ainsi qu'on ruine un pays? Non; c'est plutôt ainsi
qu'on l'enrichit. A-t-il demandé pour sa fabrique une protection ou des avantages exorbitants? Non encore. Il a
demandé, pour créer une industrie nouvelle, la moyenne
des prix auxquels la France et l'Angleterre vendaient leurs
draps au Bey depuis dix ans. Qui pourrait dire que dans
ces conditions son établissement et son contrat aient pu
être onéreux soit à l'État, soit au pays? Cependant il est
allé plus loin encore : il a, en réalité, baissé ces prix
moyens payés jusqu'alors au commerce étranger, il en a
fait profiter le Trésor tunisien ; il lui a donné un revenu
nouveau permanent et certain de 200,000 piastres.

Ce n'est point certainement comme organisateur de la
fabrique de draps, comme fermier de l'habillement de l'ar-

mée, que le général Benaïad a épuisé les finances tunisiennes !

Ferme des cuirs.

La conception de la fabrique de draps amenait naturellement un esprit réfléchi à une autre conclusion de la
même nature. A côté de l'habillement du soldat, se présente la nécessité de son équipement, et on fait la part
considérable qui appartient aux cuirs dans cette dernière
partie. Cependant, jamais à Tunis on ne s'était pas plus
occupé d'une manipulation quelconque du cuir que d'une
préparation de la laine. Ce fut encore le général Benaïad
qui eut la pensée de naturaliser ce travail dans sa patrie:
les peaux brutes à Tunis n'avaient pas de valeur. Le Bey
voulut donner au général Benaïad la ferme des cuirs, et
celui-ci forma une tannerie, une mégisserie, une vernis-
serie, en un mot tous les divers éléments nécessaires au
confectionnement des articles en ce genre, consommés par
l'armée et même la population. Il en résulta que, par la
valeur accumulée du travail, ces peaux qui, auparavant,
coûtaient 4, 5 ou 6 francs, montèrent à 100, 110 et 120 fr.;
les ouvriers y trouvèrent une nouvelle source de salaire.
Est-ce encore en créant cette industrie inconnue jusqu'à
lui, que le général Benaïad a ruiné les populations?

Les effets de cette nouveauté furent prompts; d'abord
toute l'armée s'approvisionna, pour son équipement, à
l'établissement privilégié. Ensuite Tunis, qui jusque-là,
n'avait connu que l'art de faire des babouches, eut toutes
les chaussures solides nécessaires à la marche, les bottes,
les souliers jadis importés d'Europe.

Le travail de tous ces articles resta dans le pays et il ne
fut plus importé du dehors une seule paire de souliers.

Pour le tarif des équipements de l'armée, il fut procédé comme on l'avait fait habituellement : et enfin le Trésor du Bey, qui jusqu'alors n'avait retiré de la fermes des cuirs qu'une recette annuelle de 350,000 piastres, reçut par an du général Benaïad un revenu presque quintuple ; sa redevance s'éleva à 1,500,000 piastres.

Ferme de la monnaie.

L'administration de la monnaie était dans le plus grand désordre, et si elle rapportait quelques bénéfices au gouvernement, ce n'étaient que des bénéfices illusoires. En effet, la piastre d'argent était tellement composée que, sur douze parties, elle en contenait deux d'argent et dix de cuivre.

Les étrangers, profitant de cet abus, faisaient la contrebande de la monnaie, fabriquaient des pièces dans lesquelles la portion de l'argent était réduite jusqu'à 1/2 %. Le pays, inondé de cette fausse monnaie, marchait rapidement à la ruine la plus complète, et les recettes du Trésor lui-même étaient, par ce fait, réduites à n'être plus qu'une valeur sans réalité. Le crédit du Gouvernement expirait.

Le général Benaïad sentit la nécessité de remédier énergiquement à ce danger extrême. Cette nécessité, le Bey la comprenait comme lui. Il choisit le général Benaïad pour mettre un terme à ce désastre. Il l'investit du privilége de la fabrication de la monnaie.

Dès lors, le général, conformément à son contrat, ne fit plus frapper que des monnaies d'argent pur contenant intrinsèquement leur valeur de convention.

Dès lors aussi la monnaie de Tunis se releva et reprit son crédit. Indépendamment de cet avantage, le général paya au Bey une redevance annuelle de 100,000 piastres pour son privilége. C'était également un revenu nouveau.

La monnaie de cuivre avait subi les mêmes altérations. Le contrat du général Benaïad détermina le titre de cette monnaie, et elle contint dès ce moment une quantité de métal proportionnelle à sa valeur légale. Le général Benaïad invoque là-dessus le témoignage de la population tunisienne et celle du Bey lui-même. Pour ce privilége, le général Benaïad fournit encore une redevance annuelle et nouvelle de 100,000 piastres. Avant lui la fabrique de la monnaie coûtait au contraire au Bey une perte annuelle de 300,000 piastres.

La Banque.

En observant les moyens par lesquels les gouvernements modernes sont parvenus à multiplier la circulation et le signe de la richesse, l'attention du général Benaïad se porta sur l'institution des banques publiques. Pour introduire cette institution dans son pays, le général Benaïad avait à combattre des préjugés religieux presque insurmontables; il sut les vaincre. Sous son inspiration, par son assistance et ses conseils, la Banque de Tunis fut fondée sous sa direction. Le Bey s'engagea à lui remettre 30 millions de billets au porteur, et ce prince devait, à mesure de la mise en circulation de ces billets, dont le Gouvernement devenait débiteur, retirer successivement pour son service 20 millions en numéraire garantis sur les impôts. Par ce moyen, la circulation générale de Tunis était augmentée de 10 millions, et le Gouvernement recueillait de cette opération une somme de 20,000,000 de piastres monnayées, véritable et précieuse ressource pour les finances tunisiennes. La Banque commença à fonctionner heureusement. En se portant contre cet établissement à des extrémités violentes, en haine de son directeur, le Gouvernement tunisien vient de frapper un coup mortel à la stabilité et au crédit de cette institution naissante. Est-ce encore la faute du général Benaïad? est-ce encore par cette conception réalisée grâce à lui, compromise et perdue malgré lui et contre lui, qu'il a désorganisé et absorbé les ressources de l'État?

Ferme des Tabacs.

La ferme des tabacs était en faillite lorsque, sur les instances du Bey, le général Benaïad consentit à s'en charger; cette opération était lourde : les fermiers précédents s'y étaient ruinés faute de capitaux suffisants.

Le général Benaïad y versa un capital considérable pour le fonds de roulement et les approvisionnement nécessaires. La ferme, avant lui, rapportait nominalement 1 million de piastres, mais le fermier n'en put payer que 400,000 et s'évada pour se soustraire à des obligations qu'il lui était impossible de remplir.

Le général Benaïad prit donc un établissement en ruine, accepta la redevance qui avait causé la déconfiture de son prédécesseur. Il apporta dans la ferme de nombreuses améliorations et la fit prospérer.

Cette redevance de 1 million, qu'on ne pouvait payer au Bey, il la servit exactement pendant toute la durée de son contrat. Est-ce encore par là qu'il a ruiné le Trésor et la Régence?

Ferme des Sels.

La ferme des sels était également en pleine déroute lorsque le général Benaïad en accepta la charge; elle n'était cependant taxée qu'à une redevance de 10,000 piastres. Mais la cause même de cette chute fera voir pourquoi le général Benaïad réussissait là où tant d'autres échouaient. La ferme était administrée avec si peu de discernement, que les sels, abandonnés en plein air aux intempéries du climat, fondaient rapidement, et qu'il fallait faire arriver à grands frais et de loin de nouveaux approvisionnements.

Le premier soin du général Benaïad fut de se procurer des locaux et d'y mettre les sels à l'abri : bien loin alors d'avoir à recourir à l'importation, il put au contraire en exporter. L'approvisionnement de Tunis fut constamment assuré.

En ce moment même, les magasins de la ferme contiennent pour plus de 300,000 piastres de sel. Enfin, par son administration, le général Benaïad put décupler la recette de l'État sur cette branche de revenus et porter la redevance de la ferme de 10,000 piastres à 100,000 piastres. Est-ce encore par ce côté qu'il a dévoré les finances tunisiennes?

Ferme du Poisson.

La ferme du poisson subissait le sort de celles du sel et des tabacs ; elle était également en faillite et le fermier ne payait pas ses redevances, qui se montaient annuellement à 75,000 piastres. Le général Benaïad consentit encore à en accepter l'entreprise; il en porta le fermage à 100,000 piastres. Mais là, les améliorations étaient plus difficiles, l'abondance de la pêche ne dépendait pas d'un perfectionnement administratif.

Le général Benaïad a perdu, dans cette affaire, 25,000 piastres par an. Il n'en a pas moins payé scrupuleusement, pendant toute la durée de son contrat, la redevance convenue de 100,000 piastres. Est-ce encore par cette perte et sa fidélité à ses engagements qu'il a ruiné le Gouvernement tunisien?

Le général était, de plus, receveur général de la dîme des grains; il rendait ses comptes comme ses prédécesseurs; il versait au Trésor les mêmes recettes, mais, de plus que ses prédécesseurs, il y avait ajouté un revenu que ceux-ci ne payaient pas et l'avait porté à une redevance annuelle de 200,000 piastres.

Le général Benaïad répète, en un mot, que par le fait de ses perfectionnements administratifs et ses innovations industrielles, les revenus de l'État tunisien ont été accrus d'une somme qu'il doit évaluer à 10 millions de piastres. Et quand on songe à la modicité du budget de Tunis, il faut bien convenir que cet accroissement est énorme. Est-ce là dévorer les finances d'un État?

Le général Benaïad a le droit de dire, au contraire, qu'il a rendu à ces finances des services signalés. A mesure que les fermes du Gouvernement tombent en ruines, il les recueille et les relève. Non-seulement il en assure les recettes incertaines et défaillantes, mais encore il les augmente dans les proportions qu'il a indiquées.

A côté de ces améliorations considérables, dans l'intérêt du Trône, ses conceptions successives améliorent aussi l'état industriel et commercial du pays. Il y naturalise des industries importantes qui n'existaient pas; il crée du travail et du salaire pour les populations qui vivent de leur

travail quotidien; il aide la consommation, et, par conséquent, la vente des produits agricoles du pays. La circulation monétaire est frappée d'un discrédit profond et désastreux, il rend sa moralité, son crédit à cette branche
importante de l'administration publique, à ce signe essen-
tiel des fortunes privées.

Par l'établissement de la Banque, il s'efforce d'organiser
un plus large système de circulation, et de doter l'État
d'un instrument de crédit qui, parmi les peuples civilisés,
est un des plus puissants éléments de leur force et de leur
prospérité commerciales. En un mot, toutes ses pensées
tendent à acclimater dans une contrée arriérée, les idées,
les travaux, les institutions qui peuvent donner au commerce et au travail une partie de cet élan dont l'Europe
est si justement fière. Est-ce là être le fléau et le spoliateur
des populations?

Le général Benaïad a eu, entre ses mains, toutes les
sources des revenus tunisiens, ce récit le montre surabon-
damment. Tous ces privilèges sont venus le chercher bien
plus qu'il ne les a recherchés. Admis dans la confiance et
dans l'intimité du Bey, on a vu si ses conseils n'étaient
pas avantageux à l'intérêt et à la puissance du prince et
pendant longtemps le Bey en a jugé ainsi. Lorsqu'un de
ses monopoles fléchissait, c'était au général Benaïad qu'il
avait recours, et le voyant réussir là où d'autres avaient
succombé, c'était à lui qu'il recourait encore. C'est ainsi
que pas à pas, et de nécessités en nécessités, le général
Benaïad s'est trouvé, en quelque sorte, le fermier universel
du Gouvernement tunisien.

C'est ainsi qu'à la nombreuse nomenclature de ses entreprises, il faut ajouter encore le fermage des briques, de la
chaux, du plâtre, dont le Bey se réservait les monopoles.
Avant le général Benaïad, ils ne produisaient rien pour le

Gouvernement; ils ont produit entre les mains du général Benaïad. Le plâtre consommé à Tunis était transporté dans cette ville de pays éloignés. Le général Benaïad a fait explorer le territoire tunisien à ses frais, et a découvert à proximité de la ville une carrière de plâtre.

Toujours à ses frais, il en a installé l'exploitation, et aujourd'hui cette carrière fournit à tous les besoins de la construction tunisienne. C'est une autre source de travail. Est-ce encore ainsi que le général Benaïad a causé tant de mal au peuple de Tunis?

Le général Benaïad pense avoir démontré par le rang et l'importance de sa famille, par la justification des grands héritages qu'elle lui a laissés, par la situation de sa fortune personnelle avant d'entrer aux affaires, que la source de ces richesses dont on lui fait un crime, et cette richesse elle-même remontent bien au delà de l'époque où il a été admis dans les conseils du Bey. Il pense avoir démontré aussi que s'il a fait des bénéfices dans les diverses entreprises qui lui ont été confiées, et quelquefois même, pour ainsi dire, imposées, ces bénéfices ont eu toujours une source légitime, honorable, avouée, utile, même à son Gouvernement et à son pays. Il a amélioré, il a perfectionné, il a innové au milieu des habitudes de la routine et de l'immobilité, et par ses procédés, il a su trouver des profits là où d'autres n'avaient éprouvé que des échecs. Mais, en même temps, il a fait participer le Gouvernement qui l'a favorisé à ces profits, fruits de son intelligence, de son application et de ses avances. Il faut faire observer, avec soin, que l'Administration tunisienne ne ressemble pas aux administrations de l'Europe.

Le général Benaïad n'a pas été un ministre dans le sens des habitudes européennes. Il n'a participé officiellement aux affaires que comme l'entrepreneur et, en quelque sorte,

le fermier général des revenus du Gouvernement tunisien.
Il avait naturellement deux intérêts à concilier : la conservation et l'accroissement légitime de sa fortune personnelle
comme entrepreneur, comme fermier, et comme homme public, la conservation et l'accroissement des revenus de
l'État.

Il a la conviction d'avoir atteint ce double but. Il a, de
plus, la conviction d'avoir placé l'Administration tunisienne
dans des voies de progrès et de civilisation qu'il désire lui
voir continuer.

Toutefois, la détresse est grande dans la Régence, les
peuples y sont misérables, le pays est écrasé, c'est un fait,
et le général Benaïad n'a aucun intérêt à le nier. Mais il
n'est pas besoin de rechercher le secret de cette triste situation dans des accusations calomnieuses. C'est un usage
de faire des hommes publics disgraciés des espèces de
boucs émissaires chargés de tous les maux des peuples.
C'est surtout l'usage dans les pays où l'ambition de la faveur et la toute-puissance dictent le langage et comman-
dent les opinions. La cause de cette situation, elle n'est pas
dans le général Benaïad; et puisqu'on l'accuse, il faut bien
qu'il s'en explique.

L'épuisement du pays est dû principalement à l'entre-
tien d'une armée de 30,000 hommes, disproportionnée avec
les ressources du Trésor et du pays. C'est cette armée qui
a obéré les finances, à ce point, qu'aujourd'hui le Gouvernement, impuissant à la conserver, est contraint d'en licencier
une partie. Cette cause, elle est bien connue de tous les
hommes qui ont eu quelque part, soit directe, soit indirecte,
au Gouvernement de Tunis.

Elle n'est pas la seule. Il y en a d'autres encore que le
général Benaïad, initié par sa position à tous les secrets
financiers et politiques, pourrait faire connaître et qu'il se

refuse à révéler. Toutefois, il est attaqué, et si, à la dernière
extrémité, il y est contraint pour le besoin de sa défense, il
déclare qu'il est à même de faire connaître ceux qui se sont
approprié, million par million, la fortune publique. Quant
à lui, il n'a jamais rien demandé qu'à son travail, il n'a
jamais rien reçu que de sa légitime industrie. Longtemps
placé au premier rang dans l'amitié du Bey, ce prince a
plus d'une fois voulu lui donner des marques de sa muni-
ficence, il les a toujours rejetées. A certaine époque entre
autres, le général fit construire, meubler une splendide
habitation ; le Bey voulut la voir, il fit à son sujet l'honneur d'une visite. Le lendemain, en rentrant à son palais :

— Tu as été mon hôte, dit-il à son ministre, j'ai mangé
et dormi sous ton toit. Tu es du petit nombre de ceux à
qui je n'ai rien donné, je t'autorise à porter la dépense que
tu as faite pour cette habitation au crédit de ton compte
avec le Gouvernement.

— Ma fortune est assez grande, répliqua le général Benaïad. Je recevrai avec orgueil toutes faveurs honorifiques
dont voudra me combler Votre Altesse, mais vos trésors
vous sont utiles, gardez-les pour votre service, Monsei-
gneur, je n'en ai pas besoin.

Certes, le Bey se rappellera cette circonstance et cette
réponse.

Est-ce donc là le trait de cette âme âpre à la curée qu'on
dénonce aujourd'hui au mépris et à la haine des deux
pays ?

Il ne reste plus à dire au général Benaïad qu'un dernier
mot pour conclure. Sa fortune est à jour, ses livres sont
en règle, il n'a cessé de les tenir un seul instant avec la
plus grande régularité. On peut y voir jusqu'à la dernière
piastre le détail et l'origine de tout ce qu'il possède. Il ou-

vrira ce livre au public, si cet exposé ne suffisait point à
réprimer la calomnie, et il saurait imposer silence à la haine
de ses ennemis en rendant, sou par sou, le compte de cette
fortune dont on voudrait faire son déshonneur. Il n'a rien
à cacher, rien à taire, et il est tout disposé à invoquer sans
réserve les deux protecteurs naturels de tout homme qu'une
injuste persécution diffame: *la vérité et la publicité.*

Paris. — Imp. Paul Dupont, 41, rue J.-J.-Rousseau. 1231.3.76.